AF263315

44
b
1011

SUR

LE BLOCUS

DES ILES BRITANNIQUES

ET

L'ACTE DE NAVIGATION

D'ANGLETERRE.

DE L'IMPRIMERIE DE J. GRATIOT.

A PARIS,

Chez LEBOUR, palais du tribunat, galerie de bois, n°. 197.

1806.

~~~~~~~~~~~~~~~~~~~~~~~~~~~~~~~~~~~~~

SUR

LE BLOCUS

DES ILES BRITANNIQUES

ET

L'ACTE DE NAVIGATION

D'ANGLETERRE.

§. Ier.

Jamais la France n'avait employé contre son éternelle Rivale de mesure plus directe, plus essentiellement hostile, que la terrible représaille ordonnée par l'Empereur Napoléon. C'est aujourd'hui que le Léopard britannique est véritablement frappé au cœur ; c'est aujourd'hui que le Tyran des mers va sentir le contre-coup de toutes les vexations, de toutes les spoliations, de toutes les usurpations qu'il a érigées en système, depuis que son pavillon flotte avec tant d'orgueil sur l'Océan.
~~~~~~~~~~~~~~~~~~~~~~~~~~~~~~~~~~~~~

L'Amirauté anglaise affectant, dans ces derniers tems, la conduite du Sénat romain à l'époque de sa toute-puissance, lorsqu'il dictait avec tant de hauteur ses décrets aux Rois de l'Asie, prétendait que de simples déclarations suffisaient pour bloquer les côtes les plus étendues. Ces manifestes impérieux intimidaient les Puissances faibles ; ils en imposaient à celles qui étaient asservies à son influence. Ce que sa marine toute entière, concentrée en Europe et répartie à l'embouchure des fleuves et à la sortie des ports de la France et de ses Alliés, n'aurait pu opérer, elle avait cru pouvoir l'obtenir de l'opinion exagérée que le Continent s'était formée de sa puissance navale, et de la terreur attachée à son pavillon.

Cette forfanterie des Amiraux et des Ministres anglais n'en avait point imposé à la France. Toutes les fois que son Gouvernement l'avait ordonné, ses flottes, et jusqu'à ses moindres vaisseaux de guerre, avaient franchi la barrière opposée à leur essor. Plus d'une fois même les Escadres françaises avaient reporté dans les Iles britanniques la terreur que celles-ci cherchaient à répandre sur toutes les côtes et les mers. Une simple flottille de péniches et de bâtimens de transport, rassemblée à quelques milles de la côte d'Angleterre et maintenue encore aujour-

d'hui dans cette position , malgré toutes les attaques des Divisions anglaises et ces machines
infernales inventées par un Amiral *brûleur de
maisons*, qui ne s'est honoré jusqu'ici que par
ces tristes succès ; cette flottille a, pendant plus
de deux ans , retenu dans la consternation et
l'effroi toute la population des trois Royaumes. Elle leur imprimerait encore en ce moment la même terreur , elle aurait même
déjà franchi l'étroit espace qui l'en sépare, et
vomi sur les rivages de la *Tamise* les phalanges
invincibles qui ont dompté l'Europe , si un plus
vaste dessein que celui d'opérer une descente en
Angleterre , n'avait écarté de ses bords l'Hercule
gaulois.

Mais le Génie qui a replacé la Monarchie française sur ses antiques fondemens , qui l'a sauvée
des fureurs de l'anarchie , qui lui a donné plus
de consistance et de solidité , plus d'éclat et
de véritable grandeur , qui lui garantit plus de
bonheur et de prospérité qu'elle n'en eut jamais
sous ses plus illustres et ses meilleurs Souverains,
ce Génie a des inspirations qui lui sont propres,
et qui sont aussi extraordinaires que lui-même ;
et soit qu'il diffère, soit même qu'il abandonne
le projet de vaincre les Anglais dans leur île , on
doit espérer qu'il les forcera à la paix, puisqu'il
l'a résolu.

Rien ne paraît plus propre à atteindre un but aussi important, aussi universellement désiré, que le décret rendu à Berlin sur les débris du trône d'un des plus puissans alliés de l'Angleterre.

Jamais aucune mesure de salut public, prise dans les orages de la Révolution française, ne fut motivée sur des faits plus vrais, plus déterminans. Jamais les atteintes portées aux droits sacrés de la nature et des gens par un ennemi féroce, ne furent signalées à l'indignation des Peuples civilisés, avec plus d'évidence et d'énergie, que ne l'ont été les infractions articulées dans ce décret à la charge du Gouvernement britannique.

L'Empereur a ordonné, que l'ennemi constant *de la paix des nations* serait considéré comme ces Princes violateurs des traités et assassins de l'humanité, à qui Rome victorieuse, interdisait le feu et l'eau. Il a décidé que, puisqu'aucun bâtiment neutre n'était à l'abri de ses visites et de ses insultes, puisqu'aucun individu Français ou Allié, commerçant, facteur ou passager paisible et sans armes, rencontré à la mer ou trouvé sur un rivage ennemi, n'était respecté ni dans ses biens ni dans sa liberté par les sujets de la Grande-Bretagne, ceux-ci subiraient le même traitement de la part de la France et de ses Alliés ; et que , puisque l'Anglais voulait anéantir toute industrie sur le Continent, il en serait sévèrement écarté lui-même , et réduit à l'impuissance d'y verser , avec ses marchandises et ses denrées, les semences de troubles et de discorde qui en ont tant de fois fait un théâtre de carnage et de dévastation.

C'est ainsi que l'Empereur a enfin réalisé le système de ce *blocus continental*, dont il avait menacé l'Angleterre aux premiers jours de cette campagne. C'est ainsi que , sans enceindre les trois Royaumes d'une croisière de vaisseaux Français , sans investir les îles Britanniques d'une ligne de circonvallation formée par nos Escadres, il n'en aura pas moins réussi à isoler ces Iles , et à leur interdire toute communication avec le Continent. Idée neuve et sublime, digne du Héros qui l'a conçue, et des grandes circonstances où il s'est placé !

Déjà cette haute mesure de Gouvernement commence à s'exécuter et par les agens de la France, et par ceux de ses Alliés, avec l'empressement qu'inspire l'intérêt de la prospérité commune. Si jadis un membre du Parlement britannique proposa qu'on ne pût tirer un coup de canon sur l'Océan sans la permission de l'Angleterre , disons aujourd'hui qu'il ne s'introduira pas un vaisseau anglais dans un port d'Europe, sans la permission de la France. Espérons que cette interdiction des rivages Européens à l'ennemi qui y a exercé une si longue et si funeste influence, sera adoptée même par les Puissances du Continent, qui ne sont pas encore engagées dans cette véritable *ligue du bien public*. Espérons que cette exclusion sera non moins générale que sévèrement maintenue, jusqu'à ce que succombant enfin sous l'encombrement de ses produits manufacturiers et de ses denrées coloniales, l'anglais éprouve le supplice de *Tantale* au milieu des eaux, et se décide à accepter une paix honorable tant de fois offerte par le vainqueur.

§. I I.

Plus on réfléchit sur les circonstances qui ont amené un tel ordre de choses; plus on examine par quel enchaînement d'excès, de violences et d'usurpations l'Angleterre est parvenue successivement à se mettre au-dessus des lois et des traités régulateurs des droits des Puissances maritimes, plus on est indigné, et plus on est tenté de rechercher la source de ces excès, pour essayer d'en indiquer le remède.

Ce serait sans doute un tableau intéressant à

présenter en ce moment, que celui de toutes les atteintes portées par les Anglais, sur l'une et l'autre hémisphère, aux principes sacrés de la neutralité, de toutes leurs spoliations, de tous les attentats de leur ambition, depuis l'époque du Protectorat de *Cromwell*. Mais il suffira de se rappeler quelques faits récens, le mépris de la convention signée à Pétersbourg, en 1781, par toutes les Puissances neutres du nord de l'Europe, indignées des brigandages de l'Angleterre, et armées pour faire respecter l'inviolabilité de leur pavillon; les plaintes amères, mais impuissantes, du Commerce européen, depuis la paix de 1783, jusqu'à l'époque de la Révolution française ; les horreurs exercées pendant toute cette époque par les vaisseaux Britanniques sur toutes les mers et dans tous les ports neutres; l'équipage de la frégate française la *Modeste*, massacré en plein jour par les Anglais, et sans provocation, dans le port *neutre* de Gênes, et sous les yeux de son Gouvernement, incapable de prévenir ou de punir un tel forfait ; la capitale d'un état *neutre*, la ville de Copenhague, bombardée par le fougueux amiral *Nelson*, en pleine paix, parce que le Danemarck avait essayé de faire revivre les stipulations du traité de Pétersbourg; enfin l'escorte d'un convoi Espagnol venant des colonies, et navigant avec sécurité *sur la foi des traités*, attaqué brusquement par l'Escadre britannique sous le cap Ste.-Marie, et l'équipage entier de la frégate la *Fama*, commandant cette escorte, s'engloutissant dans les flots avec les débris du vaisseau incendié par le feu de l'attaque anglaise !

Qui a donc inspiré aux Anglais ces sentimens de férocité, ces actes d'une tyrannie insupportable ?

On peut en assigner deux causes, l'une puisée dans le caractère sombre et hautain de cette nation cupide et mercantile ; l'autre dans l'un des principaux actes de sa législation commerciale.

Je veux parler ici du fameux *Acte de navigation* d'Angleterre, conçu par *Cromwell*, et décrété par son Parlement en 1651.

Voici d'abord ce qu'en disait naguère l'un des Sénateurs français (1) le plus distingué par ses lumières et ses talens :

« Les Anglais placent à côté ou même au-

____

(1) M. *François* (de Neufchâteau), dans son tableau de la diplomatie de l'Europe , publié dans le *Moniteur* de nivose an 12.

» dessus de leur grande Charte , l'*Acte de navi-*
» *gation* , qui fut le fondement de leur tyrannie
» maritime en 1651 , et que les autres Peuples
» ont eu la bonté de souffrir, ou n'ont pas eu
» l'esprit d'annuler en se l'appropriant.

» Le silence des Nations sur un acte aussi op-
» pressif, ne pouvait qu'enhardir celle qui se
» l'était permis. Aussi l'œil ne put qu'avec peine
» mesurer, à partir de là, le chemin qu'ont fait
» les Anglais. »

Il y a dans ces paroles une vérité incontesta-
ble : c'est l'extrême importance que l'Angleterre
attache, et a dû attacher dès l'origine, à une loi
qui a été la source réelle de sa puissance et de sa
grandeur. On sait que l'exécution de cette loi
célèbre y a plus contribué que toutes les vic-
toires de ses Amiraux. On sait que l'*Acte de
navigation* est le trait le plus éclatant du génie
d'*Ollivier Cromwell* , le monument le plus important de son administration , la seule peut-
être de ses institutions que le ressentiment et la
vengeance de *Charles II* aient respectée lorsqu'il monta sur le trône. Il est remarquable en
effet qu'en même tems que ce Monarque faisait
exhumer et jeter à la voierie les restes de *Cromwell,* il faisait confirmer en entier, par le Parle-

ment, en 1660, l'*Acte de navigation* proclamé neuf ans auparavant par le farouche Protecteur.

Mais il y a, on ose le dire, de l'inexactitude dans l'assertion de M. le sénateur sur la patience avec laquelle il suppose que les autres Peuples ont souffert cet acte oppressif de leur industrie, et sur le silence ou l'inaction qu'il leur prête à cet égard.

Pour mettre à portée de juger jusqu'à quel point le reproche échappé à son patriotisme et à sa philantropie, est ou n'est pas fondé, je citerai quelques faits consacrés dans l'histoire.

Je ferai d'abord observer que les Hollandais, que l'*Acte de navigation* repoussait plus particulièrement des ports Britanniques, et dont il devait affaiblir les profits et le commerce de cabotage, essayèrent d'obtenir la révocation de ce bill odieux. Ils déclarèrent la guerre aux Anglais en 1653. L'histoire atteste, à cette occasion, les efforts brillans, mais infructueux, des Amiraux bataves *Tromp* et *Ruyter*, envoyés contre l'amiral anglais Duc *d'Albermale*.

Je ferai remarquer ensuite que, long-tems après, la Suède (qui le croirait aujourd'hui !)

donna à tous les peuples du Continent l'exemple courageux de *s'approprier* du moins l'*Acte de navigation* britannique, en l'imitant sous ses principaux rapports.

« La nation Suédoise, dit *Raynal*, ne jouis-
» sait pas encore de la pêche du hareng, lors-
» qu'elle défendit aux *étrangers* d'introduire
» dans ses ports d'autres denrées que celles du
» crû de leur pays, et de transporter ses mar-
» chandises d'un port du royaume à l'autre.
» Cette loi célèbre, connue sous le nom de *Pla-*
» *card des productions*, et qui est de 1724,
» ressuscita la navigation anéantie depuis long-
» tems par les malheurs de la guerre. Un pa-
» villon inconnu partout, se montra sur toutes
» les mers. Ceux qui l'arboraient, ne tardèrent
» pas à acquérir de l'habitude et de l'expérience.
» Leurs progrès parurent même à des politiques
» éclairés devenir trop considérables pour un
» pays dépeuplé, etc. »

Plus tard encore, (et je puise ce fait dans l'élo-quent écrit qui a paru au milieu de nous, sous le titre : *Etat de la France à la fin de l'an* 8); plus tard le même exemple fut donné à l'Eu-rope.

« Il est étrange, dit l'Auteur de cet écrit, que

» depuis plus d'un siècle, l'Angleterre *seule* ait
» publié un tel acte (celui de navigation), qu'on
» peut bien appeler une injonction autoritative
» faite à toutes les Puissances et à tous les Peu-
» ples, et qu'aucune Puissance, aucun Peuple,
» *hors le Gouvernement et le Peuple des États-*
» *Unis,* n'ait répondu à cette loi de guerre per-
» pétuelle par une loi de représaille. »

Au moment où cet Auteur écrivait, cette loi existait même dans *sa patrie ;* et c'est le dernier exemple que je citerai contre son assertion et la précédente.

La Convention nationale, supérieure à toutes les craintes que pouvait inspirer l'exemple du mauvais succès des États-généraux de Hollande en 1653, et déjà engagée dans une guerre générale contre toute l'Europe, décréta en effet, le 21 septembre 1793, un acte de navigation absolument calqué sur l'acte de navigation britannique.

La France possède donc aussi un acte de navigation, consacré depuis treize ans dans son code des douanes.

J'ajoute que la paix générale conclue à Amiens, mais qui n'a lui qu'un moment sur notre horizon politique, n'aurait pas tardé à nous faire jouir de tous les avantages de cette loi, si l'éternelle Rivale de la France, l'artisan infatigable de ses troubles et de ses déchiremens pendant la plus orageuse des révolutions, si le fauteur insatiable du monopole, l'oppresseur insolent de tous les états maritimes, le tyran jusqu'à présent indompté des mers, si le Gouvernement britannique, en un mot, n'avait tout à coup détruit cette paix si désirée, cette harmonie naissante et universelle, par la violation du plus saint des traités.

Mais qu'importent les avantages incalculables attachés à l'exécution d'une pareille loi parmi nous, si elle doit subsister chez nos rivaux ; si, pendant que le Peuple anglais placera cette loi à côté ou même *au-dessus* de la grande Charte ; si, pendant que la Chambre-haute du Parlement, essentiellement gardienne de la Constitution britannique, mettra un égal intérêt à conserver le bill de *Cromwell* et la transaction constitutionnelle passée avec le *Prince d'Orange* (1), on ne peut espérer que l'Angleterre renonce au système destructeur de tout principe de neutralité, de

----

(1) A l'époque de l'expulsion de Jacques II.

toute liberté commerciale maritime, qu'elle a puisé dans la loi du Protecteur?

C'est en effet dans cette loi, qui porte l'empreinte du caractère sombre et farouche de son auteur, que l'Angleterre semble avoir contracté ces germes de haine et de jalousie, ces habitudes d'inquisition et de despotisme intolérable qu'elle n'a cessé de déployer contre les sujets de tous les Etats maritimes de l'Europe, depuis sa promulgation. C'est en donnant la première l'exemple d'un *régime exclusif absolu* en matière de navigation, qu'elle s'est constituée, vis-à-vis tous les autres Peuples, dans un état de guerre sourde et intestine qui n'a demandé que des occasions pour se manifester, et qui a éclaté à toutes les occasions et sous tous les prétextes. C'est là qu'est la source première de tous ces empiétemens sur les *franchises et libertés* des Peuples maritimes, de ces envahissemens du patrimoine commun des mers, de ces usurpations progressives que l'Angleterre a, depuis un siècle et demi, érigées en système et consacrées dans ses mains comme une propriété inviolable. C'est enfin l'exécution de l'*Acte de navigation* dans toute sa rigueur, qui a porté la marine Anglaise à ce degré de prospérité qui étonne les calculateurs politiques les plus intrépides ; et c'est l'orgueil inhérent au caractère de cette nation , et attaché à la grandeur démesurée de sa puissance navale , qui a donné naissance à ce système de *blocus indéfini* qui révolte aujourd'hui la France et tous les Gouvernemens de l'Europe qui n'ont pas perdu le sentiment de leur dignité.

Il serait donc à désirer, pour l'intérêt de la France, pour celui de ses Alliés , pour celui de tous les Etats maritimes, pour le repos et la prospérité du Continent, que l'obstacle sans cesse opposé par l'*Acte de navigation* d'Angleterre au développement de l'industrie des autres nations et à la liberté générale du commerce, fût enfin détruit.

Eh ! quelle époque fut plus favorable à l'émission d'un tel vœu, que celle qui nous rend témoins de tant de prodiges , après tant d'autres qui semblaient avoir épuisé notre admiration, que celle qui nous promet, avec de nouveaux triomphes, s'ils deviennent nécessaires , l'accomplissement de toutes les grandes vues conçues par la saine politique et la philantropie pour le bonheur de l'humanité, et qui paraissent aujourd'hui, comme par une providence spéciale , confiées à la raison supérieure et à la puissance souveráine du plus grand homme que l'histoire des âges ait montré aux nations !

Il y a deux manières de détruire l'effet de l'acte législatif enfanté par la cupidité de l'Angleterre, et maintenu jusqu'à ce jour par son despotisme, au mépris et au détriment de l'Europe commerçante : c'est que tous les Etats maritimes se l'*approprient*, à l'exemple de la France, de la Suède et des États-Unis, et l'annullent ainsi en l'imitant ; ou qu'ils réunissent leurs efforts pour en obtenir la *révocation pure* et *simple*, et pour faire de cette révocation l'un des principes fondamentaux de leur nouveau Code de droit public.

Le premier parti, proposé par tous les Publicistes qui ont traité cette matière, n'est praticable que pour les Etats que leur force réelle ou les circonstances politiques peuvent mettre à l'abri du ressentiment et de la jalousie de la Puissance dominatrice des mers. Il fallait peut-être une circonstance telle que notre Révolution, et l'attitude imposante que prit alors la Nation française, plus spécialement en butte à cette implacable jalousie, pour déterminer son Gouvernement à répondre à l'injonction *autoritative* dont parle l'Auteur déjà cité, et à repousser enfin,

par une loi de représaille, un manifeste de guerre
perpétuelle.

Le second parti, celui d'obtenir de l'Angleterre ou de lui arracher la révocation de son bill,
remplirait mieux le but que sollicite la tendance
générale de l'Europe vers l'amélioration et le
développement de son commerce et de son industrie, en détruisant à jamais le germe des envahissemens et des usurpations de l'Angleterre.

Sous des Princes faibles ou divisés d'intérêt,
ou indifférens au bonheur des peuples, ou maî-
trisés par l'influence et la séduction du Cabinet
anglais, l'Europe ne verrait aucun de ces buts
remplis.

Mais que ne peut-elle espérer aujourd'hui
du moderne *Charlemagne*? que n'a-t-elle pas
droit d'attendre du génie et de la puissance du
Héros vainqueur et législateur, qui, après avoir
ressaisi, autant par l'opinion que par la victoire,
le sceptre de *l'Empire d'Occident*, va détruire
enfin tout ce qui peut s'opposer au progrès de sa
civilisation et de sa prospérité.

Il n'y a donc pas de milieu entre l'adoption
générale de l'*Acte de navigation* par toutes les
Puissances maritimes de l'Europe, ou son aboli-

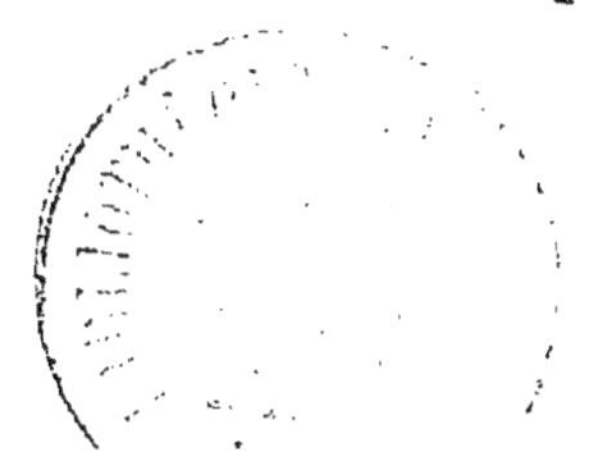

2

tion universelle. La France seule peut décider aujourd'hui cette alternative ; et peut-être cette question n'est pas indigne d'attention dans les conjonctures actuelles.

Paris, ce 8 décembre 1806.

MAREC,
ancien Député du Finistère.

APPENDICE.

——————

On a beaucoup parlé en France, pendant la tenue des Assemblées nationales, de l'*Acte de Navigation* britannique ; on recommence à en parler aujourd'hui (*). Jamais, autant que je puis le savoir, le texte de cet Acte fameux n'a été mis sous les yeux du public. Chargé autrefois d'un rapport sur cette importante matière, j'ai conservé, depuis treize ans, quelques élémens d'un travail maintenant oublié, comme son auteur. Peut-être ne lira-t-on pas sans intérêt, la traduction du préambule et de l'article Ier., ainsi que l'analyse des principales dispositions de l'*Acte de Navigation* d'Angleterre. On pourra juger du moins si les conséquences que j'en tire contre l'insatiable cupidité et la tyrannie maritime de cette Puissance, sont fondées.

——————

(*) Voyez la note à la suite de cet appendice.

2 *

Voici donc cette traduction :

*ACTE pour l'encouragement et l'augmenta-
tion de la Marine et de la Navigation.*

« Afin d'encourager la Marine et de donner
» à la Navigation de cet Empire ce degré de
» splendeur d'où dépendent si essentiellement,
» avec la protection de la Divinité, la richesse,
» la sûreté et la force de ce Royaume, il est
» ordonné par Sa Majesté (Charles II), et par
» les Lords et les Communes assemblées en Par-
» lement :

A R T. Ier.

» Dorénavant, et à compter du dernier jour
» de décembre, l'an 1660, *aucun effet, aucune
» marchandise* ne seront *importés* ou *exportés*
» d'aucune terre, île ou possession quelconque
» appartenante à sa majesté, ou qui pourraient
» à l'avenir passer sous la domination de Sa Ma-
» jesté, ou de ses héritiers, en Asie, en Afrique
» ou en Amérique, sur aucun autre vaisseau que
» sur des vaisseaux ou des navires qui *appar-
» tiendront vraiment, et sans fraude*, à des
» citoyens de l'Angleterre, de l'Irlande, du

» pays de Galles et de la ville de Berwich-
» sur-la-Twed, ou qui *auront été construits* et
» *appartiendront* à quelques-unes de ces mêmes
» terres, îles et territoires, et dont *le patron*
» et *les trois quarts* des matelots, seront au
» moins *Anglais*.

» Les contrevenans seront punis par *la perte*
» *des biens* et *des marchandises* qui seront im-
» portés ou exportés hors des lieux ci-dessus dé-
» signés sur un navire ou vaisseau quelconque,
» et par *la saisie des navires* avec leurs canons,
» agrès, provisions, etc.; de laquelle saisie un
» tiers reviendra à Sa Majesté, etc.; un autre
» tiers aux Gouverneurs des terres, etc.; et
» le dernier tiers à celui qui saisira, informera
» ou poursuivra devant une Cour de justice,
» par toute espèce de bill d'information et d'ac-
» tion quelconque, dans lequel cas *il ne sera*
» *accordé à l'accusé ni recours par défaut,*
» *ni offre de serment.*

» Tous les Amiraux, Commandans de vaisseau
» de guerre ou de tout autre vaisseau, ayant
» une commission de Sa Majesté, etc., sont au-
» torisés à saisir et à amener, comme prises,
» tous les navires qu'ils auront trouvés en con-
» travention, etc., etc. »

L'art. 2 défend aux *étrangers* de faire **le com—merce** ou d'exercer la profession de *marchand* ou *de facteur* dans aucun des lieux ci-dessus.

L'art. 3 défend aussi toute importation de marchandises ou denrées provenantes du sol ou des manufactures de l'Asie, de l'Afrique et de l'Amérique (à quelque Puissance qu'appartiennent ce sol et ces productions), sur des vaisseaux autres que sur *des vaisseaux anglais*.

L'art. 4 contient cependant une exception à ces dispositions prohibitives en faveur des denrées et marchandises *étrangères* qui ne pourraient être importées sur des *vaisseaux anglais* par quelque empêchement, lesquelles ne seront admises dans les ports anglais que sur des navires étrangers *appartenans exclusivement* aux pays « qui produisent ou manufacturent ces mar—
» chandises et denrées, et venant des *ports seu—*
» *lement* d'où ces marchandises ont d'abord été
» et sont ordinairement embarquées pour le
» transport, sous peine, etc. , etc. »

En un mot, l'*Acte de Navigation* contient 19 articles dont les dispositions ont été successive—ment amendées et perfectionnées, *dans le même esprit*, sous les règnes subséquens.

La loi décrétée par la Convention nationale, le 21 septembre 1793, renferme les dispositions fondamentales du bill du *long Parlement*, confirmé par l'Acte de Charles II.

La loi française interdit en effet *toute importation* de denrées, productions ou marchandises *étrangères* en France, dans les colonies ou possessions de France, sur d'autres bâtimens que des *bâtimens français* ou appartenans exclusivement *aux habitans du pays des crûs, produits* ou *manufactures étrangères*, etc.

Comme la loi anglaise, elle réserve exclusivement aux *bâtimens nationaux* le privilége du transport maritime des denrées, productions et marchandises de France, colonies ou possessions de France d'un *port français* à un autre *port français*.

Comme la loi anglaise enfin, la nôtre détermine les *conditions* auxquelles un bâtiment doit être réputé *français*, et jouir des priviléges des bâtimens français.

Je pourrais étendre ce parallèle; mais il est maintenant à la portée de tout lecteur.

Je pourrais également mettre sous ses yeux les

grandes considérations politiques et commer-
ciales qui déterminèrent, dans le tems, l'adoption du projet d'Acte de Navigation française;
mais ce tableau est inutile, puisque la loi a été
décrétée.

J'ai concouru, de tous mes efforts, à faire
adopter en France les principales dispositions de
la loi anglaise, moins, je l'avoue, pour détruire
l'influence hostile de cette loi par l'opposition
d'une *loi de représaille*, que pour faire jouir mes
concitoyens des avantages domestiques attachés
à l'exécution d'un Acte de Navigation parmi nous
pendant la paix.

Ces avantages étaient aussi importans qu'in-
faillibles. On peut en juger par quelques-uns des
faits établis dans mon Rapport, et que je de-
mande la permission de retracer ici sommai-
rement :

Le transport maritime de nos échanges avec
les Européens, les Levantins, les Barbaresques et
les Anglo-Américains, évalué sur une année
moyenne de 1787 à 1789 inclusivement (à une
époque où la France n'avait point d'*Acte de Navigation*), avait occasionné l'emploi total de
16 mille 225 bâtimens jaugeant ou comprenant

en masse 11 cent 84 mille 170 tonneaux de poids (de 2000 livres chacun), lesquels, estimés l'un dans l'autre à 56 francs le tonneau de transport, avaient dû produire 42 millions 630 mille 120 fr. de frêt.

Il n'avait été employé dans ce transport total, pendant le même tems, que 3,763 bâtimens français, jaugeant ensemble 295 mille 231 tonneaux de poids, faisant, au même taux, 10 millions 808 mille 56 francs de frêt.

C'est-à-dire, que le pavillon français n'avait paru dans tous ces transports maritimes de denrées et productions soit françaises, soit destinées pour la France, que pour un peu plus de *deux dixièmes*, tandis que le pavillon anglais y avait participé pour près de *quatre dixièmes*, et celui de toute autre nation pour les *quatre dixièmes* restans.

En envisageant notre navigation nationale sous un autre rapport, sous celui de nos relations *directes* et immédiates, à cette époque, avec chacun des états de l'Europe pris séparément, on voyait que, dans le même tems (dans une année moyenne de 1787 à 1789 inclusivement), il s'était *mélé*, dans le transport maritime de nos échanges avec l'Espagne, la Sardaigne, la République de Gênes et celle de Hollande seulement, la quantité de 2,368 navires (autres que des navires français, ou espagnols, sardes, gênois et hollandais), faisant le commerce de transport *indirect*, et ayant un tonnage total de 250 mille tonneaux.

Ces tonneaux, évalués pareillement à 36 francs de frêt, l'un dans l'autre, faisaient 8 millions 301 mille 600 francs *enlevés impunément*, année commune, à notre cabotage et à celui de nos correspondans *directs*, par le seul fait du défaut d'existence en France d'un Acte de Navigation.

A quoi il faut ajouter la privation de tous les avantages qui seraient résultés pour son industrie et son commerce, de la *construction* dans ses ports et de *l'emploi* soit de la totalité, soit seulement de la moitié de ces 2,638 navires *intermédiaires*.

Ces faits sont frappans. Ils étaient à peu près les mêmes en Angleterre, avant qu'*Ollivier Cromwell* eût fait décréter l'*Acte de navigation*. Avant cette époque, suivant des recherches authentiques que je pourrais citer, l'*étranger* faisait au moins *moitié* de la navigation de la Grande-Bretagne. Son commerce maritime n'employait pas plus de 96 mille tonneaux de transport, année commune. En 1790, il employait déjà plus de 800 mille tonneaux !

Mais, encore une fois, à quoi servirait à la France de trouver dans son Acte de Navigation, tous les élémens d'une grande prospérité commerciale, si un pareil acte, maintenu en Angleterre par toute la puissance navale qu'il a enfantée chez cette nation ambitieuse, est une pomme fatale jetée par la discorde au milieu de toutes les Puissances de l'Europe, pour les entretenir dans un état de guerre intestine perpétuel, et miner sourdement l'établissement du Code de droit public maritime le mieux approprié aux besoins des peuples et à l'état présent de la civilisation ?

NOTE.

(*) Depuis la rédaction de cet écrit, il a paru dans les Journaux quelques réflexions sur l'*Acte de Navigation* d'Angleterre, inspirées par le grand Décret impérial du 21 novembre sur le Blocus des Iles Britanniques.

Le *Journal de Paris* et le *Publiciste* du 10 décembre, ont inséré un extrait de l'*Argus* sur cette matière, très-bien fait, comme tous les articles de diplomatie et d'économie politique que les Rédacteurs de cette feuille Anglaise donnent de tems en tems au Public.

On pourrait seulement observer que ces Rédacteurs paraissent faire entendre qu'il n'existait point de Droit public maritime, ni de Code de Lois sur cette matière, avant les Règlemens de *Louis XIV* et de *Cromwell.* Il suffit d'ouvrir la belle Ordonnance du Monarque Français, du mois d'août 1681, Ordonnance qui a, dans le tems, excité l'admiration générale de l'Europe, et qui la possède encore aujourd'hui à tant de titres, pour se convaincre qu'elle a eu principalement pour but d'approprier aux progrès de la navigation et de la civilisation générale, les lois maritimes en usage chez tous les Peuples navigateurs, et particulièrement chez les Français. C'est peut-être ce qu'on fera probablement bientôt de l'Ordonnance de 1681 elle-même.

On pourrait ajouter qu'il y a du moins erreur dans le parallèle que ces Rédacteurs font du *Conseil des Prises* de Louis XIV, et de la *Cour d'Amirauté* d'Angleterre.

Cette Cour n'est point en effet un établissement qui doive son origine au génie sombre et ambitieux de *Cromwell*, ni à son *Acte de Navigation*. Elle pouvait subsister sans inconvénient, et subsistera probablement tant que l'Angleterre aura une Marine. La Cour-d'Amirauté a remplacé le *Lord High Amiral*, ou Grand-Amiral d'Angleterre. C'était autrefois une des premières charges de la Couronne. Les fonctions et les attributions de ce Grand-Officier le rendaient si puissant et tellement indépendant, qu'on jugea nécessaire de le supprimer et de lui substituer une Commission de sept Membres sous le titre de *Lords de l'Amirauté*. Le premier Lord a le Département de la Marine, et c'est lui qui prend les ordres du Roi et communique aux six autres les plans du Conseil-d'Etat, etc. etc.

Il a paru aussi dans le *Journal du Commerce*, des 9 et 10 décembre, un long article sur le Blocus des Iles Britanniques et l'Acte de Navigation. Cet Acte y est à peine cité, si ce n'est quand l'Auteur rappelle la nécessité où le Parlement britannique s'est trouvé, au mois de mai dernier, d'y *déroger une seconde fois* pour « renou-
» veler la permission donnée aux Américains, d'appro-
» visionner les Iles anglaises des Antilles en farine et en
» bois de construction. »

Mais rien de plus judicieux, de plus profondément pensé que ce que dit l'Auteur de cet article, sur les effets résultans du Blocus pour la situation respective du Continent et de l'Angleterre. J'aurais probablement supprimé mon écrit, si, avant de le composer, j'avais lu cet article intéressant. Mais j'ai considéré que son Auteur n'avait parlé du Blocus que comme un Commerçant versé dans la pratique de sa profession, comme un Négociant aussi hab.le qu'éclairé , et qu'on pouvait traiter le même sujet sous d'autres rapports.

Je laisse donc subsister ma *motion*, et la soumets avec respect au jugement du Public,

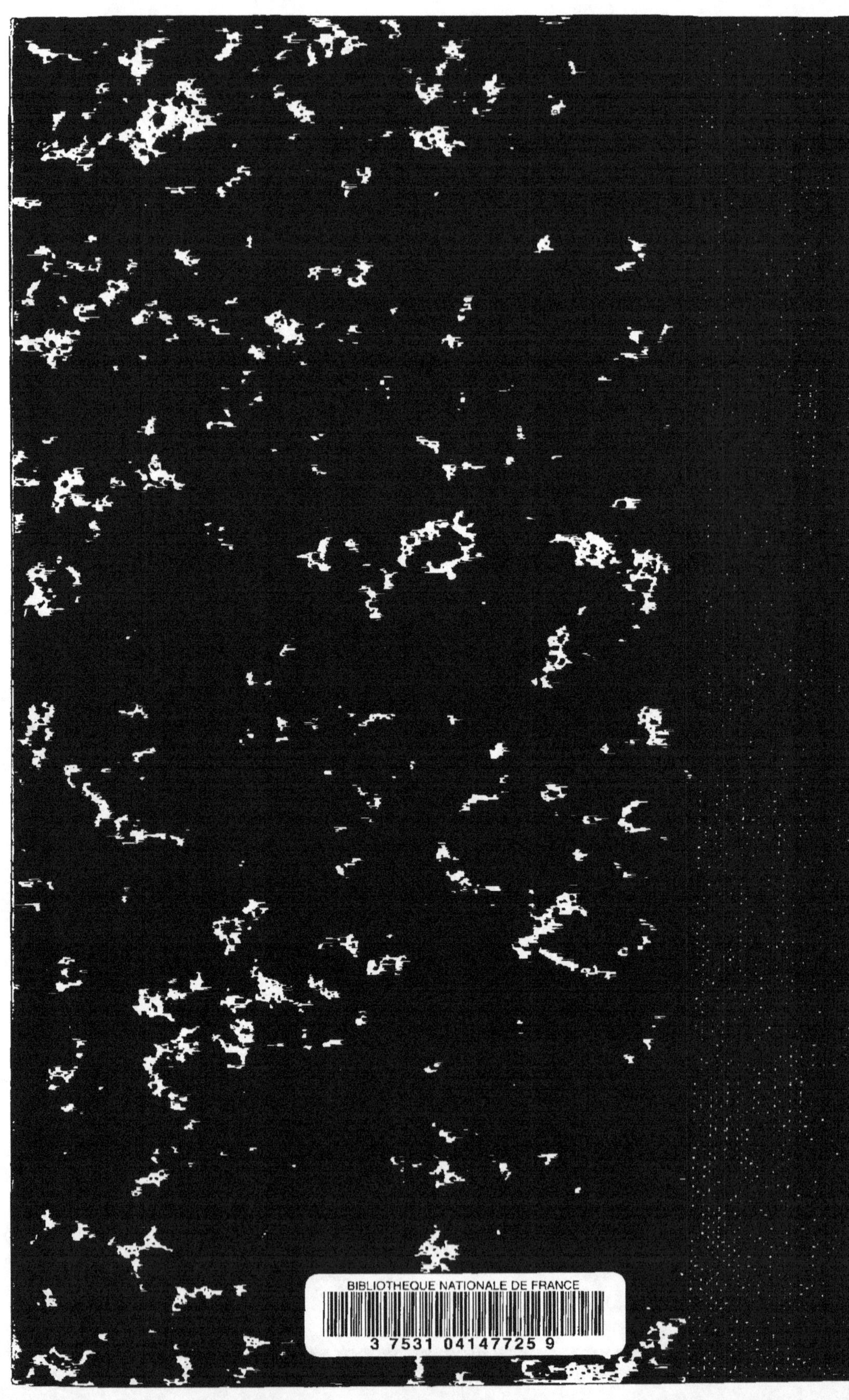